À l'écoute du bleu
Itinéraire dansé de Léo Walk

Gründ, un département d'Edi8
92, avenue de France 75013 Paris

ISBN : 978-2-324-03415-2
Dépôt légal : octobre 2023
Achevé d'imprimer en France par Pollina

À l'écoute du bleu
Itinéraire dansé de Léo Walk

Gründ

Inspirer avant de s'élancer.

Se connecter à la salle de spectacle.

Depuis les coulisses, pas besoin de voir ce qui se passe dans le cœur du théâtre du Châtelet pour deviner la curiosité et les humeurs du public. Sentir la concentration, le trac, l'engagement des danseurs déjà sur scène et dont les vibrations des pas sur le plancher annoncent que, ça y est, le premier tableau de *Maison d'en face* va s'ouvrir.

Inspirer avant de s'élancer.
Retenir ce moment.

Comme l'instant de la « levée », quand, au commencement du concert, la baguette du chef d'orchestre, en suspens dans les airs, retient le silence et les regards des musiciens et des spectateurs.

Moment frontière entre tout le travail accompli en amont et le résultat qui va suivre.

Entre deux longues années de travail et une heure de spectacle.

Entre une préparation aux kilomètres de méandres alternant création et démolition, et le ballet tout en facilité apparente qui va filer comme une brève promenade.

Inspirer et se demander avant d'entrer en scène : « Est-ce ma vie qui guide ma danse ou la danse qui guide ma vie ? Ne pas se précipiter. Ne pas prendre trop de raccourcis. »

Car oui, quand on est né avec une énergie à ne pas pouvoir se coucher la nuit, et avec un nom à coucher dehors, on a tendance à en prendre, des raccourcis, avec la vie comme avec les noms.

Des raccourcis avec la vie. À 15 ans quitter l'école. À 19 ans devenir danseur de Christine and the Queens. À 24 ans remporter une Victoire de la musique pour un clip réalisé pour Angèle et Roméo Elvis. À 25 ans monter sa troupe La Marche bleue et sa première pièce de danse, sa *Première ride*.

Des raccourcis avec les noms. Handtschoewercker, dix-sept lettres, plus long nom d'origine française (c'est du flamand français), trop compliqué pour un ancien cancre fâché avec l'alphabet et ses règles. Ce sera Léo Walk, du nom d'un pas de danse qu'il n'arrivait pas à faire adolescent, et dont l'avait affublé Thony Maskot, figure emblématique de la danse hip-hop. Alors garder cette appellation, comme un pied de nez à l'adversité, un défi à soi-même et à ses propres limites. *Walk* : « marcher » en anglais. Cela tombe d'autant mieux que, quand ce n'était pas dans les cercles des battles de breakdance qu'elles s'usaient, les chaussures de Monsieur Courant-d'air exploraient jusqu'à l'épuisement les rues alentour.

Donc il s'appelle Léo Walk, a 28 ans, et ça y est, sa seconde pièce, *Maison d'en face*, va enfin commencer dans un théâtre du Châtelet qui affiche complet.

Mais avant d'ouvrir le bal, retour sur le parcours qui l'a fait « walker » jusqu'à ce moment précis... Quels ingrédients utilise-t-on pour écrire une pièce chorégraphique, quand on a appris le break sur la dalle des cités de Champigny-sur-Marne, mais qu'on a aussi été baigné de musique classique et d'électro, et qu'on a été bercé depuis tout petit par Bashung et Gainsbourg ?

Itinéraire dansé de Léo Walk... ou le témoignage, en images et en mots, de la façon de s'y prendre pour mettre les corps en récit.

Il faut voir de quelles étoffes se drape un artiste, de quoi il se nourrit et s'est nourri, de quelle faim il puise sa volonté, pour comprendre quelles sont les sources qui irriguent son travail, avec quels matériaux il bâtit son projet, ébauche une narration.

Voici donc pour commencer un inventaire non exhaustif de la matière à danser de Léo Walk, déclinée à partir de quelques-unes de ses expressions du moment, qui sonnent comme des leitmotivs bien en accord avec son mode d'existence et de création.

Partie I

Aux sources

Chapitre

1. À l'écoute du bleu

Il faut souffler
sur quelques lueurs
pour faire de la bonne lumière
René CHAR

À l'écoute du bleu, drôle d'expression que s'est inventée Léo Walk, une manière de se dire : toujours épier, dénicher, conquérir, magnifier le beau autour de soi.

Cela pourrait bien être le mantra né d'une enfance à la scolarité difficile, la rengaine d'un môme de banlieue qui s'ennuie ferme à l'école. Un dur rêveur, qui, à défaut de trouver du plaisir dans le cadre contraint d'une triste salle de classe, cherche à la fenêtre de quoi s'émerveiller, « s'encolorer », trouver du sens et de quoi nourrir son âme.

Quand on est en quête de sublime, on développe cette acuité, effort plus exaltant que les efforts scolaires. Il n'y a pas de cours d'émerveillement, tout comme on ne sait pas encourager et valoriser la compétence « sensorialité ». Dommage. Pour ce qui est du reste et de ce qui s'enseigne, on renvoie souvent à Léo qu'il n'est « pas adapté à l'école ». À 14 ans, on lui diagnostique un TDAH : trouble déficitaire de l'attention avec hyperactivité… à moins que cela ne signifie « Terrible Désir Angoissé d'Harmonie » ? « Si c'est ça la vie, rester assis sur une chaise toute la journée, je veux mourir », s'exclame-t-il de retour de sa rentrée en classe de CP. Parents consternés par cette édifiante déclaration.

Être « à l'écoute du bleu », une posture comme un appel intérieur. Cela réclame, si ce n'est de l'inconscience, une certaine dose de témérité, d'intransigeance et de confiance : se vouer à cette attirance par-dessus tout, ne pas se forcer à suivre les chemins normés, quand votre cœur et vos jambes vous disent d'aller faire un pas de deux sur des sentiers de traverse. Et tant pis si ces derniers semblent bien moins jalonnés, bien plus risqués à prendre, à l'écart des panneaux de signalisation auxquels il serait plus confortable de se conformer, surtout quand on est fils d'éducatrice spécialisée et d'enseignant formateur de sciences. Et tant pis si on est un terrible angoissé. Le choix – si l'on peut choisir quand l'appel est si fort – est fait : ce sera l'école de la vie.

La compagnie de danse de Léo s'appelle La Marche bleue : encore cette couleur. Bleu du ciel vers lequel se tourne le regard du tête en l'air. Bleu azur cher à Rimbaud et à Mallarmé en quête d'idéal. Bleu cobalt des azulejos du Portugal, pays d'origine de sa mère. Bleu des océans et des grands espaces aériens quand la vie quotidienne est bien trop étroite. Bleu comme « l'heure bleue », moment où la nuit tombe, son meilleur terrain de jeu, cette nuit qui le délivre du mal de vivre quand, de 16 à 18 ans, il part sillonner tous les recoins des quartiers de Paris en quête d'apaisement.

À l'écoute du bleu, une expression qui brouille les sens. Peut-être le rappel que, si elle naît dans le corps, le toucher et le mouvement, la danse est aussi fille de l'ouïe et de la vue. On retrouve ces liens étroits dans un clip tourné par Neels Castillon en 2019, où Léo Walk évolue dans une grande demeure auprès de la peintre Inès Longevial en action, corps et pinceaux dialoguant sur la chanson de Charles Aznavour *Parce que*, interprétée par Serge Gainsbourg. Le clip se termine par une vue plongeante où les arts s'emmêlent : Léo danse littéralement sur une peinture grand format tout en couleurs posée au sol. Fusion des sens, du toucher – celui du corps et du pinceau sur la toile –, de la vue – celle de ce tableau animé – et de la perception sonore des dernières vibrations du piano. Ne manquent que le goût et l'odeur de l'été que l'on devine en creux.

La danse est synesthésie.

Synesthésie (du grec *syn*, « avec », et *aesthesis*, « sensation ») : « phénomène neurologique non pathologique par lequel deux ou plusieurs sens sont associés. » (Définition Wikipédia.)

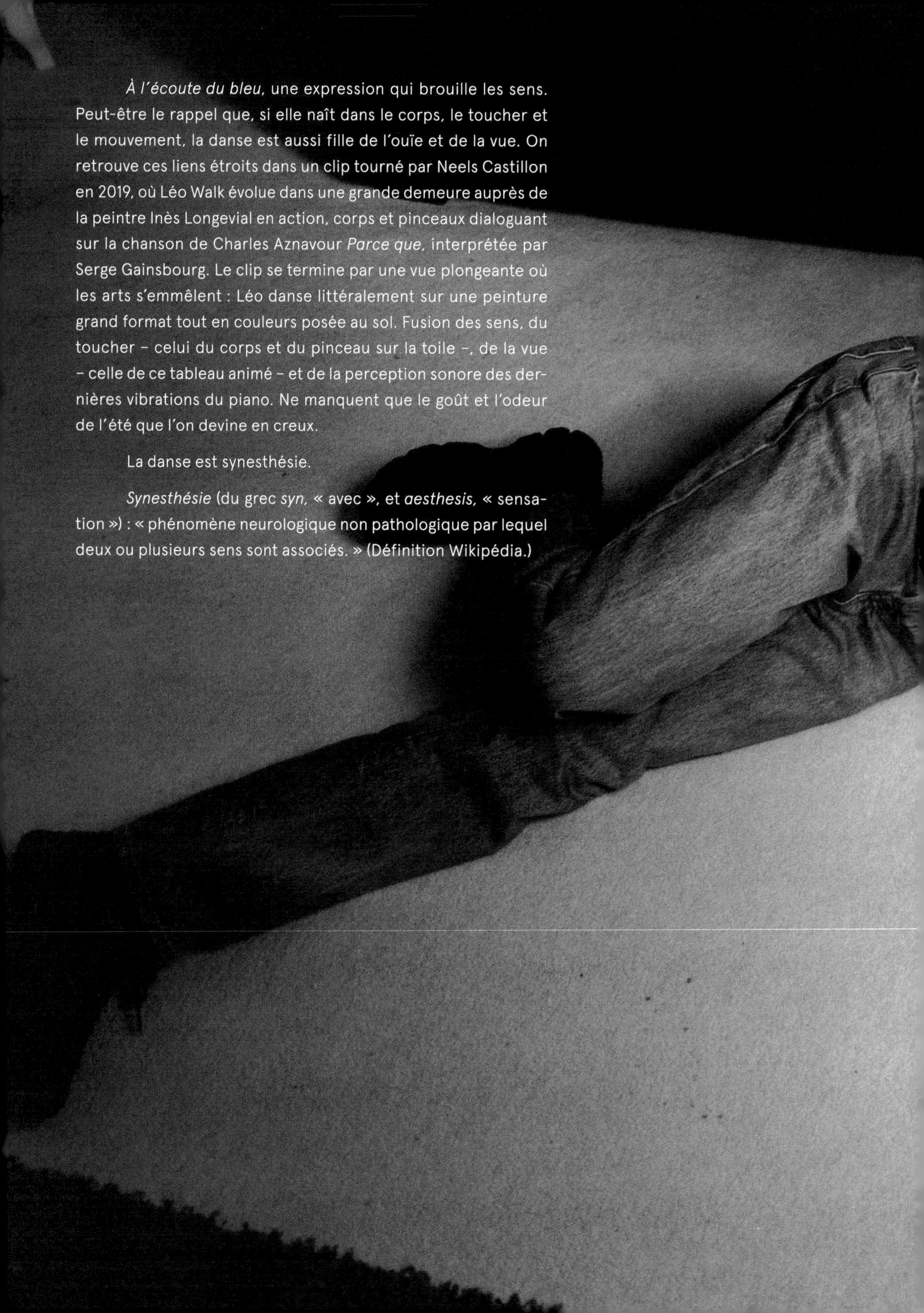

BONNE JOURNEE

Cela tombe bien : touche-à-tout professionnel, Léo mélange les sens et brouille les pistes. Il s'est essayé enfant à la flûte traversière, à la photographie argentique, se passionne pour le design, l'architecture et la mode, a créé sa marque de vêtements, Walk in Paris, puise son inspiration dans tous les arts et le beau qu'il rencontre. Un esthète « synesthète ».

À l'écoute du bleu, c'est peut-être en définitive l'expression d'un artiste brut. Qui puise ses sources d'inspiration souvent ailleurs que dans son art. Quand on est, qui plus est, un explorateur maladif, on collecte avant tout les gouaches de sa palette dans les voyages, les découvertes et les rencontres. *Première ride* (prononcer à l'anglaise ; ride, « balade, périple ») évoquait l'énergie brute des premiers envols, premiers désirs de découvrir le monde, premiers *road trips*. Cette première pièce esquissait déjà les relations humaines, au rythme de la bande, du collectif, de l'énergie de la jeunesse. *Maison d'en face*, mis en germe en temps de pandémie et pendant ces semaines de confinement, est une pièce qui explore un peu plus profondément les sentiments et les rapports aux autres. Une narration qui met en scène, développe, détricote la pelote des relations humaines, pour donner à y « écouter du bleu ».

Chapitre

2. La vie est beau

JOURNEE

Au départ, c'est une expression empruntée à une vidéo qui tourne sur le Net. Un homme un peu foutraque y proclame, l'air candide : « La vie est beau ! » Une phrase bancale et banale au premier abord, à l'accord grammatical approximatif qui prête à sourire. Mais un nouveau refrain pour Léo, qui résonne en lui, et pas seulement parce qu'il n'est pas champion d'orthographe et de syntaxe.

La vie est *beau* : la vie, dans ses imperfections, prend son sens avec ce qu'elle contient de beau. Le beau en la nature. Le beau en l'Homme. Une idée dont veut se convaincre le pessimiste espérant. De la méthode Coué, du baume au cœur pour contrer les moments d'adversité, quand parfois la vie est boiteuse ou ne s'accompagne pas de sa douceur féminine, quand l'humain peut être moche. Mais, tout comme on trouve toujours des morceaux de bleu quand on lève la tête vers le ciel, il y a du beau au détour de chaque rencontre, dans chaque groupe d'humains, quand on veut bien aiguiser son regard et s'ouvrir à ses semblables. Ce regard volontariste, cette attention aussi délicate qu'inquiète à l'égard de la machinerie humaine, c'est une posture qu'on retrouve dans l'univers chorégraphique de Léo Walk.

Le risque est pourtant grand de rapidement s'aigrir dans le monde tourbillonnant du spectacle. Les montagnes russes émotionnelles, les sables mouvants affectifs, font partie du paysage quotidien. Avec leur lot de désillusions, de sentiments d'abandon, de lâchages, de violentes remises en cause. Quand on est un extra-vivant, que l'on vit tout en accéléré, on en a déjà plein aux épaules et au cœur, à 28 ans, à refermer sur les blessures professionnelles, affectives, amoureuses.

L'impression qu'évoquent ces photos prises à Ibiza, l'île de l'éternelle fête, avec Xaysanah, nouvel ami rencontré il y a quelque temps au hasard d'une séance de sport, est au premier abord celle d'un sentiment d'insouciance. On devine la chaleur plombant toute velléité d'effort ou de projet. De fait, le soleil joue les anesthésistes : en ce mois de juillet 2022, alors que l'exaltation bat son plein avec la nouvelle pièce en projet que Léo a commencé d'écrire, alors que de multiples dates de spectacle sont programmées, tout l'enthousiasme vient brusquement de s'effondrer. Et pour cause. En ces années de Covid et d'incertitude économique dans le monde du spectacle vivant, la boîte de production qui devait financer la pièce vient d'annoncer qu'elle fermait boutique et coupait les robinets. Et comme les ennuis vont par lots, dans la tempête imprévue, plusieurs petits rats de l'Opéra, enfin... de la compagnie La Marche bleue, quittent le navire, ainsi que l'équipe de management. Donc plus de sous, une troupe décimée, et plus personne pour accompagner professionnellement le projet : le bateau est au bord de sombrer et Léo veut tout arrêter.

C'est contre-intuitif, mais parfois le rebond naît de l'immobilité, de la pause, du retrait. Xaysanah motive Léo pour faire un break, s'accorder du repos et du recul à Ibiza.

Du soleil, du silence et la présence d'un vrai ami qui encourage, rend confiance, croit en vous... et voilà l'envie, la gagne et la détermination qui renaissent. Ils iront tous deux chercher en quelques semaines une nouvelle équipe pour relancer La Marche bleue, remettre en route l'écriture de *Maison d'en face*.

Au passage, Xaysanah endosse le rôle de manager. Et au passage encore, dans ce périple improvisé, la photographe Sam Hellmann, présente également sur place, commence sans le savoir, avec ces premiers clichés, une série d'images dont ce livre est l'aboutissement.

Il en faut, dans une vie, des amis loyaux, de longue date ou plus récents, sur qui l'on peut toujours compter, droits et solides comme la barre de la salle de danse, ce tuteur en bois, mais à l'horizontale, qui permet au petit rat équilibriste de se tester, s'entraîner, s'aventurer, risquer des pirouettes, mais en gardant des repères.

Parmi ces tuteurs, il y a en particulier Didier Boko, le prof de hip-hop d'All School. C'est dans cette association très active de Champigny-sur-Marne, rebaptisée par la suite Fondament'All, que Léo a enfin pu extérioriser ses émotions et confronter son impatience à un tempo d'apprentissage beaucoup plus souple. Là où les essais de cours de danse classique et de capoeira avaient été infructueux, Léo trouve à 8 ans avec All School et le breakdance un espace où l'on a le droit d'avancer vite, de travailler mille mouvements en même temps, de se lancer dans un battle sans avoir fait trois ans d'exercices techniques préalables, bref où il est autorisé, voire conseillé, en somme de mettre la charrue avant les bœufs.

La vie est « beau », les amis qu'on s'est choisis aussi, avec leurs imperfections, leur bonté, leurs fêlures, leurs ego, leurs humeurs changeantes, leurs coups de pompe et leurs fulgurances. Les aimer dans leur entièreté. Reconnaître leur importance. Mais, si ces rencontres sont déterminantes, elles sont le fruit de chemins qu'on a choisis, de mains qu'on a tendues. La vie est « beau » si on va le traquer, ce beau, le chercher soi-même, qu'on ne l'attend pas immobile.

Cet encouragement que s'est donné Léo, « la vie est beau », est au final une invitation à danser sa vie, à forcer le destin et les rencontres, plutôt que de croiser les doigts en attendant que de bonnes fées se penchent sur son berceau, ou plus tard que le vent souffle sur son radeau.

Chapitre

3.

Mon ami le sol

« Mon ami le sol,
C'est lui qui me soutient chaque matin,
Je me mets dessus,
il ne bouge pas, il est fidèle,
Il m'ancre et puis parfois,
Je navigue avec lui,
On partage des glissades d'espoir. »

- Léo

Ces mots, Léo les a griffonnés sur un carnet de notes numérique d'aujourd'hui, qu'accessoirement on appelle un « Smartphone ».

Le sol, c'est l'ami joyeux du danseur, celui sur lequel on retrouve ses potes b-boys le mercredi à la MJC de quartier ou certains dimanches au Trocadéro.

Le sol, c'est le parking d'hôtel, ami consolateur, où, à 16 ans, Léo vient en douce à 4 heures du matin calmer ses insomnies, derrière l'appartement minuscule où il vit temporairement une semaine sur deux avec sa mère dans les premiers moments de la séparation parentale. Quelques rasades de vodka pour oublier les conflits familiaux et les angoisses. Et le sol pour s'ancrer, se remettre d'aplomb quand la vie tangue. Pour y partager « des glissades d'espoir »...

Le sol, c'est la connexion aux racines. Les racines de la danse de Léo, c'est le break, une discipline qui se distingue des autres déclinaisons du hip-hop par des enchaînements de gestes techniques sur la tête, les mains, le dos, que le b-boy ou la b-girl réalise avec pour seul appui, seul partenaire, le parquet incandescent du battle, le bout de lino posé dans la rue ou la dalle de béton à nu, selon les circonstances.

« Le b-boy, c'est l'envers d'un humain, ses mains sont toujours collées au sol, comme de seconds pieds. »

Le sol et l'air, les deux complices du b-boy : dualité entre l'ancrage structurant qui s'impose et soutient au-dessous, et les possibilités de liberté et d'improvisation offertes au-dessus. Ambivalence qu'on retrouve dans la manière dont Léo gère sa troupe et ses chorégraphies : contrôler l'assise, le socle, la destination, mais laisser s'exprimer l'inventivité, les personnalités et les singularités des danseuses et des danseurs. C'est une difficulté et un risque pour un jeune chorégraphe de parier sur l'idée de tenir ces deux bouts, fragile ligne de crête pour qui doit affirmer, à 24 ans, une posture de capitaine chorégraphe.

Le sol est universel, il s'étend sans frontières. Et Léo n'aime pas les cases ou les carcans. C'est ainsi que, dans un sous-sol dérobé d'une cité de Champigny, il travaille de nouvelles bases du hip-hop, subjugué par la poésie des mouvements d'Aloue Kyra, un danseur électro. Si ses racines sont dans la pratique du break, Léo ne peut se restreindre à ses codes, et à sa panoplie de mouvements, *freezes, back-spins*, coupoles, aussi techniques et spectaculaires soient-ils. Il lui faut du musical, de l'émotionnel, de l'aérien. Pas seulement du bluffant ou du feu d'artifice. Par la suite, avec la rencontre de danseurs comme Marion Motin, Thony Maskot, Jimmy et Samuel Yudat, Léo approfondit et complète sa palette, il fluidifie sa pratique en y mêlant les multiples déclinaisons du hip-hop qu'il découvre avec eux. Il y a tant à prendre et à puiser ailleurs, comme dans le contemporain, le classique, le modern jazz, voire la danse populaire.

« J'adore regarder les personnes danser en soirée, pas les danseurs professionnels, mais au contraire les gens qui ne se réfèrent à aucun apprentissage : emportés par l'ivresse de la fête, ils improvisent et inventent des mouvements complètement improbables, insolites et parfois incroyables. »

Ne s'interdire aucun territoire.

Léo n'aime pas non plus les cases géographiques, et quand le périmètre de la banlieue ne suffit plus, il reste à suivre le sol par-delà le périphérique pour arpenter bien d'autres terrains de jeu à explorer : direction le cœur de Paris. Et cela tombe bien, Léo découvre quelque chose de particulièrement précieux dans la capitale : une démultiplication si grande des genres et des styles vestimentaires, culturels, ethniques, artistiques, sociaux, que finissent par se dissiper les étiquettes, les cloisonnements, les classifications. Là où la banlieue, riche de sa diversité et de son humanité, a été une magnifique école de vivre-ensemble et d'antiracisme, Paris ouvre d'autres espaces de liberté.

Une grande part de la force et de l'ambition de l'expression chorégraphique de Léo Walk relève de cet élan viscéral : tenter de s'affranchir réellement des styles, ne pas se contenter de les mélanger scientifiquement, par calcul ou selon une recette alchimique vouée à trouver coûte que coûte quelque chose de nouveau.

Sa danse, qu'il qualifie d'« organique », n'a pas oublié d'où elle vient. Mais le sol s'est étendu dans toutes les directions qui s'offraient à lui.

« On est une génération des mélanges. » Le secret des artistes de son temps, pour Léo, est d'avoir intégré et digéré tout un tas d'influences et de savoir se jouer des codes. Par exemple, dans la musique, naviguer sans complexe entre Hamza et Nicolas Jaar.

Chapitre

4 Collé à l'enceinte

OSEZ
BASHUNG

Parmi les matériaux multiples qui inspirent Léo Walk, il faut s'arrêter sur cet art qui est sans doute le plus intimement mêlé à son processus créatif de danse : la musique.

Certains chorégraphes ont une vision déjà très structurée de leurs mouvements avant d'y agencer une musique. À l'inverse, Léo préfère la plupart du temps partir du son pour déployer une idée chorégraphique. La musique comme déclencheur, mais aussi canevas sur lequel on peut tisser les mouvements de chaque tableau.

Cela signifie qu'à l'origine de l'écriture d'un mouvement de danse il y a presque toujours une chanson, un groove, une énergie sonore.

La musique, Léo était déjà baigné dedans dans le ventre de sa maman : celle-ci se rappelle un concert de Jacques Higelin au Cirque d'Hiver, où, quelques jours avant de sortir sa tête au grand jour, le bébé pressé avait manifesté de manière insistante sa présence non pas pendant les morceaux les plus rock et électriques, mais quand le chanteur avait interprété une ballade, seul au piano. « Tu bougeais dans tous les sens contre les parois de mon ventre, comme pour écouter de plus près et nous exprimer ton émotion. » Collé à l'*enceinte*, dans les deux sens du terme, donc…

À la maison, il y a toujours de la musique. Une maman qui a hérité du sens de la fête de par ses origines ensoleillées du Portugal et danse sur de la bossa. Un papa qui écrit des chansons entre deux corrections de paquets de copies, et joue du piano et de l'accordéon. L'ambiance est tantôt à l'écoute religieuse de Jacques Brel et Léo Ferré, tantôt au trémoussement sur les rythmes chaloupés angolais de Bonga. Et du jazz, des Beatles, du Chopin ou du Bach. Comme il a un bon sens du rythme, l'enfant a le droit, dans les bars où se produit le groupe de son père, de taquiner la caisse claire. Ou dans la rue, à 12 ans, de jouer avec eux *Les Petits Papiers* de Gainsbourg à la flûte traversière.

Léo n'est pas assez assidu pour poursuivre l'apprentissage d'un instrument, et c'est un miracle si sa flûte ne termine pas complètement tordue et défoncée à la fin des séances de travail de gammes, où l'impatience l'emporte. Mais il ne décolle pas l'oreille de l'enceinte. Éclectique, tout autant en musique que dans le reste de sa vie de curieux de tout. Et sans jamais faire de distinction entre les genres, entre musiques savantes et musiques populaires, entre musiques de niche et musiques « *mainstream* ». Il faut juste que le morceau lui parle, lui donne à rêver, ou invite ses bras à esquisser des arabesques.

Hasard ou résonance, son premier contrat de danseur n'est pas signé avec une compagnie de danse, mais pour les premières tournées de l'artiste Christine and the Queens, qui accorde autant de place à la danse dans ses tours de chant que Léo en accorde à la musique dans son rapport à la chorégraphie. Au moment de la création de *Maison d'en face*, il écoute, en vrac, le pianiste de jazz Bill Evans, la chanteuse Björk, le guitariste Arto Lindsay, la figure du *spoken word* Kae Tempest, ou le compositeur Ryuichi Sakamoto, dont il place l'album *Beauty* au panthéon de ses disques fétiches.

Mais c'est aussi une période incertaine, violente, au cœur de la crise sanitaire du Covid. Besoin de calme, besoin d'être enveloppé. De se réfugier près de l'enceinte ou sous un casque pour s'abreuver de nappes électroniques planantes.

C'est alors tout naturel de faire appel au musicien Flavien Berger pour l'écriture de la bande-son de la pièce à venir. Léo suit depuis longtemps le travail de cet artiste, à la croisée de la pop, de la chanson et de l'électro, bidouilleur de synthétiseurs, collectionneur de bruits de la nature qu'il incorpore à ses sons de machines, avec tout un tas de matières sonores, des arrangements de chœurs ou de cordes, des instruments classiques. Il y a des résonances évidentes dans les sensibilités des deux artistes, une musicalité commune : de la délicatesse, un peu de féerie, de l'humour parfois, une dose de surréalisme et de douce folie, une modernité qui revendique et assume cependant ses héritages et ses racines.

À vrai dire, il était d'abord question d'une collaboration autour d'un projet de film, entre autres motivé par la rencontre à Marrakech avec l'artiste Jean-François Fourtou et ses œuvres insolites, maisons démesurées, à l'envers ou animalières… source de mille inspirations. Mais le projet a finalement dû être abandonné pour diverses raisons, au cœur des incertitudes de la période de pandémie.

La première pièce de Léo Walk, *Première ride*, contenait déjà deux morceaux du musicien autodidacte et touche-à-tout, aux côtés d'autres très célèbres Daft Punk ou The Animals. Mais Léo avait alors puisé dans des chansons déjà existantes qu'il affectionnait. Pour son second opus, il lui faut une musique originale. Jamais entendue. Sur mesure, ou plutôt battant en mesure les pas et les ambiances qu'il projette.

La commande au compositeur est complexe, faite d'allers-retours entre les deux artistes. « Ce qui est assez fou, c'est que chaque musique a eu un processus de création différent. »

Parfois Flavien envoie des bribes de musique, des sons, des rythmes à Léo, qui sélectionne, valide, demande de creuser telle ou telle piste. Parfois une chanson vient tout en bloc, en cadeau, comme un bout de puzzle manquant. Parfois encore, comme pour *Chichi*, c'est de quelques notes, d'une esquisse de mélodie au hasard de ce que Flavien fait écouter à Léo, que naîtra beaucoup plus tard un morceau.

Il y a évidemment des échanges, des directions données, des descriptions d'éléments de la pièce, des intentions. Mais la musicalité et ses subtilités n'ont pas besoin de trop de mots. Il suffit d'une connexion entre deux personnes pour se comprendre et travailler en harmonie.

« Un jour, j'avais tellement pris la tête à Flavien au téléphone en lui expliquant ce que je voulais, je l'avais quasiment oppressé, à force de lui décrire précisément ce que je ressentais au fond de moi pour un tableau, et qui ne correspondait pas exactement à ce qu'il me proposait, que Flavien, sûrement bien énervé, a dû se retrouver dans les conditions de l'émotion que je voulais pour ce passage. Il a trouvé et enregistré le truc dans la foulée. Et quand il m'a rappelé pour me faire écouter les bases du morceau *Polyflamme*, j'ai aussitôt validé. C'était exactement ça. »

Flavien Berger est compositeur, mais aussi auteur. Ses morceaux sont des chansons et il y a donc du texte. Le risque pourrait être que les mots, les paroles, imposent un propos trop appuyé, ou contraignent l'interprétation du spectateur, ce que Léo refuse avant toute chose dans son travail. « J'assume qu'il y ait des paroles, même si je sais que je peux recevoir des critiques par rapport à cela. Cela ne me dérange pas dans les chansons de Flavien, car le texte reste toujours elliptique, imagé, tout comme les chorégraphies que je m'efforce de construire. Par exemple, dans la chanson *GRV*, Flavien répète en boucle les seules paroles "j'ai rêvé que tu m'aimais… j'ai rêvé que tu m'aimais… j'ai rêvé que tu m'aimais…" et cela laisse en réalité un grand champ libre à l'imaginaire. »

Pour enrichir ces musiques, Léo fait ensuite appel à Sacha Rudy, très jeune pianiste, producteur musical et chanteur. Au départ, Sacha devait simplement parfaire ces morceaux, les arranger, mettre du liant et soigner les transitions. « Je voulais des sons de nappes chaleureux, Sacha a beaucoup apporté cette touche, avec des sons de synthétiseurs analogiques qu'il manie à la perfection et avec beaucoup de sensibilité. Flavien était très occupé, il préparait son propre album, et Sacha a pu poser un regard constant qui m'a aidé à structurer la bande-son et à faire le choix des morceaux. Il a également su m'encourager et m'aider à me relancer quand le projet semblait prendre l'eau. » Au final, Sacha participe bien plus que prévu au projet *Maison d'en face* : arrangeur, voire cocompositeur de deux morceaux, *Chichi* et *GRV*.

Pour apporter une touche aérienne et féminine à la bande-son, c'est Clara Cappagli qui ajoute sa voix aux chœurs, se fondant parfaitement avec les timbres médium ou de voix de tête de Flavien Berger. Si Léo fait appel à Clara, autrement appelée Clara Nowhere, du groupe Agar Agar, ce n'est pas uniquement parce qu'il affectionne particulièrement sa musique et est ami avec elle. Artiste touche-à-tout, plasticienne de formation, experte des synthés et productrice d'électro, « elle écoute tellement de choses et a une sensibilité si exacerbée que son avis est vraiment important pour moi, pour aiguiser mon écoute, m'aider à voir ce qui fonctionne ou pas dans le puzzle ».

Et puisque la musique est la clé qui ouvre les portes de son écriture chorégraphique, c'est tout naturellement que, la plupart du temps, Léo nomme ses tableaux des titres des morceaux choisis. Dans *Maison d'en face*, neuf morceaux pour neuf tableaux.

Partie II

Maison d'en face

Chapitre

5.
Drizzle core

Maison d'en face s'ouvre de manière déconcertante : dans la pénombre d'une grande pièce dépouillée – maison, appartement ? –, de jeunes gens arrivent progressivement, vont et viennent, accompagnés d'une nappe de sons qui nous enveloppe de mystère, voire d'inquiétude. Un jeune homme lit, un couple échange de tristes caresses à l'autre bout d'une enfilade de chaises qui semble reconstituer un banc de salle d'attente d'aéroport. D'autres silhouettes errantes les rejoignent petit à petit avec désinvolture. En haut d'un escalier, une femme se maquille longuement et minutieusement.

Sur une basse et de premiers arpèges synthétiques, qui annoncent la couleur résolument électronique de la bande-son du ballet, arrivent à nos oreilles les premières paroles chantées par Flavien Berger, décousues, lancinantes, qui ajoutent à la déstabilisation du spectateur. « J'ai rêvé d'un ruban matérialisé. [...] J'allais au battle de rap sans répéter, sans avoir répété. » On comprend vite qu'il n'y aura rien à comprendre d'explicite, pas de récit didactique : il n'y a plus qu'à se laisser porter par les images, les sons, les mouvements des danseurs.

Pourtant, le paysage abstrait que campe cette ouverture de la pièce est né d'une réalité bien concrète.

Automne 2020. Second confinement. Léo s'est organisé avec une quinzaine d'amis pour louer en Normandie une maison de campagne. Ils y resteront un mois. Cette nouvelle période d'enfermement sera vécue avec l'entourage d'amis, et au vert, loin de la ville. C'est cette expérience qui féconde une grande partie de la matière, de l'atmosphère et du propos de la pièce *Maison d'en face*.

À noter par ailleurs que la chanson *Drizzle core*, qui ouvre le spectacle, est issue des musiques créées lors de sessions que le musicien Flavien Berger donne en *live streaming* pendant ces périodes de confinement.

Drizzle, c'est aussi le leitmotiv du refrain répété en boucle. *Drizzle*, en anglais, c'est la « bruine », cette pluie fine mais pénétrante, qui peut durer des minutes, des heures ou des jours, qui ne nous dit jamais quand elle va cesser et nous autoriser à prendre l'air. Alors que ce n'est pas non plus la grosse tempête, juste une menace quasi invisible. Comme ce coronavirus qui contraint les vies au confinement, une menace qui paraît infime et virtuelle, mais qui est bien réelle.

Dans ce contexte, malgré les privations et les restrictions de déplacement, Léo Walk supporte mieux la situation, tout entouré d'amis qu'il est. « C'était une belle expérience, remplie d'amour, où chacun soignait ses plaies auprès des autres, avec les autres. » Quand on est le seul célibataire de la bande, parmi des couples, on se sent à la fois partie intégrante du groupe et à la lisière. De par cette situation insolite de vie communautaire, on peut entrer de manière singulière dans l'intimité des personnes de l'entourage. À la fois *dans* et *en face d'*une maison, à la fois dans la distance et dans la proximité, on peut scruter et ressentir, avec plus de précision que jamais, les scènes de vie de couple, les interactions, les angoisses existentielles et les rêves de chacun, les émotions des adulescents d'une génération de vieux vingtenaires. Les imprimer, s'en imbiber comme une éponge, en écho à ses fantasmes et questionnements sur les rapports humains... pour plus tard traduire le tout en mouvements, en faire une narration chorégraphique.

Maison d'en face, c'est finalement cela : l'exploration poétique, par le langage des corps, des itinérances relationnelles, des sentiments amicaux et amoureux, tels que Léo les perçoit à cet instant. Un condensé des émotions et des interactions humaines, catalysées par le confinement et par la vie en communauté. Ces interactions que l'on peut deviner ou extrapoler quand, à la fenêtre, on distingue des bribes de scènes de vie dans les maisons en face de chez soi.

C'est un peu osé de débuter le spectacle par cette scène bruineuse, au risque de déconcerter le public, à qui il est plus simple et convenu d'offrir un effet « waouh » en ouverture. Le chorégraphe répond : « C'est quelque chose de difficile à expliquer, mais ce tableau s'imposait à moi depuis le début, il contient le point de départ de toute l'histoire de cette pièce. »

LOGE 313

« C'est bien d'installer tout de suite un rapport très familier entre le public et la scène, que les spectateurs identifient dès le départ ces neuf personnes, qui sont des êtres humains de chair et d'âme, avant d'être des corps dansants. »

Et durant ce premier tableau le public se retrouve un peu dans les loges, avec par exemple cette danseuse, Hortense, qui passe de longues minutes à se maquiller face à un miroir imaginaire. La pièce a commencé, mais pas encore tout à fait. Le public est à la fois dans les coulisses et face à la scène, a le temps d'entrer un peu dans l'humanité des artistes avant que le langage et les codes de la danse ne s'installent.

Puis très vite, sur le mid-tempo de la chanson, les corps s'animent, se mettent à pulser, et naissent les premiers mouvements chorégraphiques, pesants, désinvoltes, las.

Chapitre

6. Just off wave

« Des artistes, en prise avec leur monde, connectés à leur époque, mais toujours un peu en marge. » Voilà le regard que porte Léo sur le reste de la troupe. À l'image en somme du titre du morceau du deuxième tableau de *Maison d'en face* : « Just off wave », littéralement en français « juste à côté de la vague ». Jamais tout à fait dans la vague, mais toujours à observer les ondulations des flots, à essayer de lire la boussole des vents et de décrypter l'air du temps.

Dans le processus créatif et dans la construction des chorégraphies, certaines parties avancent vite, d'autres plus laborieusement. « Cela a été le tableau le plus dur à mettre en place techniquement. La musique est linéaire, et j'ai voulu conserver le parti pris de jouer avec cette machinerie obstinée, entêtante, qui rend un peu marteau. »

On l'a dit, Léo Walk puise l'inspiration de ses chorégraphies en grande partie dans les musiques qu'il sélectionne. Et en voici une parfaite illustration avec « Just off wave » : à partir de paroles et d'un motif musical répétés en boucle, calquer une intention et l'appliquer à tous les mouvements de ce long tableau. La sonorité et le groove contrastent entre les deux premiers mots saccadés et le dernier plus doux et filé : « *just off... wave* ». S'amuser avec eux, les associer à une juxtaposition d'attitudes opposées : « *Just off*, c'est le stress ou l'élan, et *wave*, c'est la lassitude ou la flemme. Je trouve que cela traduit bien ce qu'on peut ressentir dans ces longs moments de confinement à devoir occuper son ennui, où l'on se débat entre volonté et paresse, entre énervement et relaxation. » Tout le morceau fonctionne donc sur de brefs et épuisants motifs combinant chacun tonicité et relâchement.

Comme souvent pour débuter la construction d'un tableau, Léo arrive en répétition avec une couleur d'ensemble, des intentions et des suggestions de mouvements qu'il propose aux danseurs ; ici, par exemple, il y a cette boucle, ce pattern jouant sur des alternances rapides de tensions et de détentes.

« Je vous montre une barre. » *Barre*, pour qui comprend le langage Walk, signifie « enchaînement, séquence chorégraphique ». N'ayant pas appris les codes et le vocabulaire académiques de la danse classique ou contemporaine, Léo choisit ses termes à lui. Après tout, ce n'est pas si incongru si l'on songe que *barre* sonne comme *bar*, qui signifie « mesure » en anglais. Les danseurs le taquinent, amusés par son usage approximatif et autodidacte du vocabulaire technique. Plutôt que de s'en vexer, Léo assume et joue la carte à fond, remplaçant le terme *barre* par *courge*, ou tout autre code arbitraire farfelu.

Un observateur extérieur non initié trouverait ces échanges surréalistes, voire absurdes : « On reprend la première courge et on enchaîne avec la deuxième. »

PLAN D'ÉVACUATION

Mais comment partir d'une unique intention pour la décliner, la faire évoluer, durant de longues minutes, selon autant de variantes, de mouvements et de combinaisons qu'il en faut afin de construire toute une chorégraphie ? Il y a, on l'a dit, des indications précises, parfois même de premiers gestes que Léo n'hésite pas à effectuer devant les danseurs dès le départ. Mouvements déjà aboutis et qui feront partie intégrante du travail final, ou là juste pour esquisser le propos et donner un cap. Et puis ensuite il y a souvent des ateliers de création : à partir de ces consignes, de ces premiers modèles et de ces directions, laisser la troupe essayer, improviser, permettre à chacun d'apporter son identité, sa fibre. Filmer à l'aide d'une tablette numérique pour ne rien perdre de la matière qui s'exprime, revoir les vidéos des répétitions, garder des idées, recombiner, modifier, faire des collages. Ainsi, le tableau se bâtit à partir de mouvements déjà écrits par Léo, et d'autres issus de ces ateliers, des petits cadeaux dansés progressivement apportés par les artistes de la troupe, chevilles ouvrières de la construction. Savoir *autoriser*, étymologiquement permettre à chacun d'être *auteur* de son art : dans la troupe La Marche bleue, les danseurs ont le statut d'*artistes chorégraphiques* et participent tous au processus créatif.

Dans l'exercice de style imposé de « Just off wave », et avec un tel titre de chanson, impossible également de se priver de figures de surf. Et voilà que surviennent de longues traversées de la scène, qui commencent par de vives accélérations suivies de glissades sur les pieds, les danseurs en chaussettes se projetant de plus en plus loin, de plus en plus près du bord de la scène, apportant une dimension quasi circassienne à leurs numéros de surfeurs équilibristes. Lors d'une représentation, une danseuse prend si bien la vague qu'elle bouscule en bout de course un projecteur, qui manque de s'effondrer sur le premier rang du public.

À l'image de ces mouvements de glisse, récréatives tentatives de se lier les uns aux autres auxquelles se prêtent les danseurs par deux, puis trois, sept, neuf, on sent que la connexion continue de progresser, chacun poursuit sa lente socialisation. Mais, si les regards et les rencontres furtives se multiplient, les échanges et les gestes restent gauches entre des êtres que l'on devine encore malhabiles dans leur rapport aux autres. Est-ce juste le ressenti à l'issue de l'expérience du confinement collectif qui s'exprime ici ou une obsession plus intime et plus profonde ?

La dernière partie renforce cette sensation d'« ultramoderne solitude », comme chanterait Alain Souchon. Dans cette habitation au design minimaliste, un danseur, Sulian Rios, se débat avec son ennui et son isolement, à coups de mouvements désarticulés. Les autres personnages le regardent à peine, occupés à dégarnir la scène de ses chaises, agrandissant ainsi un peu plus le désert autour du danseur.

« Ce que j'admire chez Sulian, c'est que dans la danse qu'il propose il n'a pas besoin de démontrer sa virtuosité. Il a beaucoup travaillé sur la forme, il a surpassé sa technique pour pouvoir développer sa patte. C'est cela que j'aime mettre en avant chez les danseurs, leur univers, leur singularité, l'émotion qu'ils dégagent. Sulian par exemple est quelqu'un qui intériorise beaucoup, il nous emmène dans sa bulle... Oui, son break est "bulleux". » En effet, pendant tout le solo qui clôt ainsi la deuxième scène, le jeune danseur donne l'impression, tout en étant très ancré sur son axe, tel un manège, de se débattre avec son grand corps et ses habits un peu larges, avec ses élans et ses fragilités. Par ailleurs, c'est justement Sulian qui a fait découvrir à Léo le morceau *Just off wave* de CZ Wang et Neo Image.

Chapitre

7. Polyflamme

« Ce tableau, "Polyflamme", qui s'appelait "Dragon" au départ, a été créé assez rapidement, craché presque. Et dans la musique, et dans la danse. Le départ de cette scène, pour moi, c'est l'évocation de ce besoin de cracher ton énergie après l'ennui, ce besoin de te ressaisir, besoin de vitesse, même si parfois concrètement cela se traduit par une agitation sur place, sans objectifs définis et sans réelle destination. Parfois, je suis là avec des potes, chacun est sur son téléphone, et il y a toujours un moment où, d'un coup, j'ai envie de réanimer tout ce petit monde et de reconnecter les énergies. »

SUPREME

Mener naturellement la danse, c'est une chose. Mais fédérer huit artistes aux fortes personnalités, et avec eux, toute une équipe autour d'un projet pendant plusieurs mois, voire années, c'est une tout autre affaire. Léo a pris le parti d'une direction artistique qui propose une aventure pas entièrement écrite à l'avance. Mais trouver la bonne posture et la bonne distance pour garder une alchimie collective tout en laissant la part belle à l'expression de chacun, avec sa fibre, ses talents, ses aspérités et ses envies, est un challenge plus compliqué.

« Polyflamme », au titre multiflamboyant, est tout à cette évocation : la richesse et la complexité des amitiés et des relations entre les êtres. On y sent tour à tour l'énergie et l'impulsivité de neuf jeunes gens sautant et virevoltant dans tous les sens, ensemble mais chacun dans sa bulle, s'agglutinant, tirant la couverture à eux, se déchirant, se retrouvant...

Le tableau débute par une de ces scènes collectives que Léo affectionne, où les danseurs effectuent les mêmes mouvements et évoluent au parfait diapason. Atteindre le synchronisme, la sensation d'uniformité, la perfection des gestes dans leur reproduction par toute une troupe à l'identique, c'est déjà une performance pour un corps de ballet homogène de danseurs classiques ayant des morphologies et des parcours similaires. Là, on a une troupe hétéroclite de quatre danseuses et cinq danseurs de tout poil, issus du break, de la « danse debout », du contemporain ou du classique, grands ou petits, à la musculature ramassée ou longiligne, et cela devient un véritable défi. Mais, sur ce sentier de traverse assumé, l'œil du spectateur peut ressentir dans ces mouvements de groupe à la fois la résonance énergétique du collectif et la diversité des interprètes qui composent cette compagnie.

Pour parfaire l'aisance apparente, la précision et la fluidité des mouvements collectifs, Léo Walk fait appel, dans les dernières répétitions, à une vieille connaissance de la danse hip-hop, le danseur chorégraphe Théophile Bensusan. C'est un œil extérieur précieux, et une aide indispensable, au moment où Léo doit aussi se concentrer sur son travail de danseur.

« Les mouvements sont venus rapidement,
un jour où nous étions quatre ou cinq,
pris par la musique électro, dans une même énergie,
l'un proposant une gestuelle, d'autres la reprenant,
entrant en résonance les uns les autres
avec une sorte d'évidence, de symbiose
comme cela arrive parfois dans les répétitions. »

« Souvent, je lâche en répète : "Fais-le à la zeub." Cela veut dire "fais-le comme tu le sens, même si ce n'est pas parfait". »

Installer ces sauts et ces combinaisons collectives dans la durée, reproduire les mouvements. Ne pas appréhender ces réitérations, mais au contraire en jouer.

« C'est dans la longueur qu'on arrive à comprendre des choses, dans la répétition des gestes que l'émotion s'installe. »

L'accalmie collective prend vite fin. Le magma des corps se fait chaîne humaine, s'étirant comme un fil qui finit par se rompre, cédant aux forces contraires et aux élans individuels.

« La vie est ce jeu de tir à la corde
où chaque être voudrait faire équipe,
se relier aux autres, en amitié, au travail
ou en amour, mais, à finir irrépressiblement
par tirer la couverture à lui, se retrouve
souvent seul, voire le cul par terre. »

Chapitre

8. Il suffisait

« La chose que je redoute le plus dans l'humain, c'est l'exclusion. »

Léo n'aime pas laisser quelqu'un sur le banc de touche. Comme à cette époque où, chef de bande du voisinage ou des cours de récré, il faisait entrer tout le monde dans la ronde. Peut-être parce que l'exclusion est la grande sœur de l'abandon, que Léo, comme chacune ou chacun, a pu ressentir, des angoisses de la petite enfance aux déceptions professionnelles, en passant par les ruptures amoureuses.

Y a-t-il un langage artistique plus parlant que celui de la danse pour traduire et extérioriser les émotions enfouies au tréfonds du corps et de l'âme, comme celles liées au sentiment d'abandon ?

« À l'époque où j'ai imaginé ce tableau, j'étais moi-même célibataire, et voyais trop de gens vivre seuls autour de moi, ma mère et mon père divorcés, mon petit frère, des amis. Alors que pour moi la vie est faite pour être vécue à plusieurs. »

Un jour, un ami également insomniaque donne un truc à Léo, qu'il réutilise lors de ses nombreuses nuits agitées : « Pour t'endormir, tu imagines une maison, à ton goût et ta fantaisie, et tu la remplis par la pensée de personnes que tu aimes, avec qui tu voudrais être à ce moment-là. » Être dans une maison au milieu d'êtres aimés, voilà une idée qui plaît au noctambule. D'ailleurs, que ce soit lors de son confinement avec ses amis ou dans d'autres foyers, comme chez ses amis de la villa Magnan à Biarritz, Léo collectionne les occasions de se retrouver dans des ambiances familiales.

Quant à la vie de troupe avec La Marche bleue, c'est encore une manière, à travers une famille artistique, de s'entourer d'êtres et de vie. Et dans une compagnie il y a bien sûr l'ensemble des artistes, des danseurs, mais également tous ces professionnels qui ne sont pas sous les feux de la rampe, agents, techniciens, régisseurs. Des maillons indispensables à la réalisation du spectacle, mais qui participent également par leurs personnalités aux précieuses bonnes ondes dont ce genre d'aventure a besoin. Ainsi, Zoé Rytz, assistante de Léo et de La Marche bleue, suit l'ensemble du projet, des moments de préparation aux répétitions, des résidences aux débriefings du soir, jusque dans les temps de « vacances » studieuses. « Zoé, c'est une perle, c'est un peu notre petite fée, s'occupant de nous au quotidien, dans l'intime comme dans l'organisation. De par sa disponibilité, sa bienveillance, elle fait partie des gens importants qui ont fait que ce projet a fonctionné. »

Une danseuse isolée, peut-être exclue, Hortense de Gromard, s'enveloppe de ses propres bras, livrée à elle-même, ondulant au gré de ses tourments et de sa tristesse. Hortense est à l'origine une danseuse de formation classique. « Elle a une grâce naturelle telle que, quand tu la regardes se mouvoir, tu ne peux que te projeter dans la beauté, dans un monde sublimé. Ce que j'ai senti quand j'ai rencontré cette artiste à l'image un peu sage, à l'équilibre des lignes et aux mouvements parfaits, c'est qu'il y avait quelque chose de fantaisiste et d'animé à l'intérieur, qui ne demandait qu'à se développer. J'avais envie de l'encourager à aller vers une proposition plus animale, plus sauvage. Hortense a enrichi sa danse de manière spectaculaire depuis quelques années. »

Contrastant avec la solitude de la jeune femme désœuvrée qu'incarne Hortense, quatre danseurs l'observent en retrait, formant une chenille ondulante et compacte. Cette chenille humaine fait écho à un ensemble de mouvements créés pour la pièce *Première ride*. À l'image de la chanson *Il suffisait*, qui accompagne le tableau, la scène est douce, apaisante, suspendue. Le petit groupe en procession s'approche de la danseuse esseulée, l'accompagne, l'incorpore, l'intègre à ses mouvements et à son énergie collective. Et puis, épuisée malgré tout, voilà qu'elle se laisse retomber, abandonnée, isolée de nouveau. Se fait encore repêcher et ranimer par le groupe, se retrouve portée à dos de danseur, et reprend vie dans une scène collective finale où les artistes semblent repousser à grands mouvements de bras de mauvaises ondes. Un ballet qui balaie des douleurs et des ombres. Ces maux ou ces peurs, chassés, envoyés vers le ciel, deviennent oiseaux dans les gestes des mains des danseurs.

« Je voulais mettre en scène l'image réconfortante d'un groupe qui s'emploie collectivement à faire fuir des spectres, des angoisses et des peines que d'habitude chacun évacue comme il peut dans l'intimité et la solitude. »

Une célébration de l'altérité. Quand sur scène les corps se font empathie et inondent de leurs caresses l'œil du spectateur, on se dit qu'il n'y a guère plus touchant que la danse pour rappeler à l'humain sa tendresse égarée.

« Je voulais une continuité de douceur, une vague qui ne s'arrête jamais. »

Je les regarde

Ils sont si beaux

Tous différents

Tous dans le même bateau

Leurs sens sont

Décuplés

Leurs corps sont

Organiques

Poétiques

Leur cœur est rempli

De peur

D'amour

Je veux les aimer

Regarder le ciel bleu

Être à leur écoute

Danser avec eux

Tant que mes jambes me le permettent.

- Léo

Chapitre

9.

Chichi

« Un jour où je sortais d'une période sentimentale orageuse et pleine d'interrogation, je me retrouve chez Flavien Berger, à Bruxelles. Il me fait écouter une suite de quelques notes, légères et mélancoliques à la fois, comme sorties d'une petite boîte à musique. Cela résonne tout de suite avec mon état intérieur du moment, mes doutes, mon vague à l'âme.
Et voilà que je me mets à danser avec Pétri, l'irrésistible lapin gris aux grandes oreilles de Flavien. »

S'évertuer à se fixer comme fils conducteurs, comme éléments de récit chorégraphique, des sentiments ou des états affectifs aide à ne basculer ni dans un travail trop illustratif et verbeux, ni dans quelque chose de purement esthétique et gratuit. « "Chichi" fait écho à la complexité des rapports amoureux, mais ce n'est pas un discours sur l'amour ou sur la vie de couple. J'essaie toujours de trouver un truc, un entre-deux, une ligne de crête, entre d'un côté un propos trop formel et de l'autre un récit au discours trop téléphoné. »

À contre-pied du titre du tableau, il n'y en a pas, des chichis, dans cette scène qui refuse de s'embarrasser de mille gestuelles parasites. Pas de simagrées, les mouvements et les enchaînements sont sobres et puissants. Ils nous donnent à voir des jeunes hommes en errance et esseulés, un trio qui s'enlace puis se délite, des couples qui se défont pendant que d'autres amours naissent. « Cette scène donne un résultat assez dépouillé et minimaliste, mais elle a été très complexe à mettre en place. Des groupes d'amoureux se relaient sans cesse. C'est comme si tu appuyais sur *play* et que cela ne s'arrêtait jamais. »

Tout est pétri de tendresse et d'humanité dans les gestes qui s'enchaînent, mais il n'y a pas de passion, pas de joyeuses vibrations amoureuses, comme si l'amour était fatalement triste, vain, qu'il n'y avait rien à en dire, en expliquer. « Arrivés à l'âge de la fin de l'insouciance, après avoir vécu déjà pas mal d'expériences sentimentales, les jeunes adultes de mon âge, de cette génération d'aujourd'hui tiraillée entre plein de valeurs et de tentations contradictoires, se posent mille questions sur les relations amoureuses, l'engagement, la fidélité, la vie de couple. Beaucoup parmi nous semblent assez désabusés ou perdus face au schéma amoureux traditionnel que la société propose et qui ne fonctionne pas super bien. »

Trois danseurs, Miranda, Janina et Bats, occupent une place importante dans ce tableau, dans leur insolite ronde à trois, douce et mélancolique.

Miranda Chan est canadienne. Recrutée lors d'un casting qu'elle avait repéré grâce à une annonce sur Internet, elle est venue vivre à Paris pour intégrer la troupe de La Marche bleue. Aux yeux de Léo, « Miranda, c'est un caméléon, elle sait tout faire. Elle a tout d'abord un *flow* techno que j'aime beaucoup, mais elle sait faire du break, du contemporain et du classique : une danseuse complète. À l'image de son caractère déterminé, son personnage dans la pièce pourrait correspondre, avec celui incarné par le danseur Nino, à ce type de gens qui sont des socles. La jeune femme qu'elle représente prend sur elle, tout en intériorité, toujours solide et fiable ».

Janina Sarantšina, elle, est estonienne. « Janina, c'est le mélange de la force et de la féminité. Elle a un geste tranché, certain, assuré, qui impressionne. Oui, c'est ça, il y a la force de la certitude dans sa danse. » Voilà que, détachée du trio qu'elle semblait former avec Miranda et Bats, elle se met à tournoyer sur elle-même, et tel un derviche tourneur ne s'arrête plus pendant de longues minutes. Les yeux des spectateurs oscillent entre les chorégraphies qui se déroulent en parallèle, et cette performance inquiétante : va-t-elle finir par s'effondrer, faire un malaise ? Non, une autre danseuse lui vient en aide, stoppant son tourment solitaire, lui offrant l'appui de ses bras et de ses épaules. Ce tableau, c'est aussi cela : si les relations à deux sont parfois compliquées, si l'amour est souvent lié à des déchirements, la tendresse, elle, est toujours possible et présente. C'est un peu ce que raconte autrement ce souvenir de Léo, issu des mois complexes qui ont précédé *Maison d'en face* : « Parfois, quand je me retrouvais en bande, avec des amis que je sentais tous plus ou moins tendus et inquiets, à cause de leurs histoires d'amour ou à cause de la conjoncture de ces années Covid, compliquées pour le spectacle vivant, j'avais envie de leur dire : "Venez, on souffle, on se fait un câlin." »

asics

Chapitre

10. Ballroom

YOU MUST CENTER
FIND THAT PLACE
HERE
PLAN D'EVACUATION / ESCAPE ROUTES
Théâtre du Châtelet - Plateau

La chanson et le tableau s'appellent *Ballroom*, à l'origine une référence à une culture de la communauté *queer* américaine, qui se retrouvait pour danser dans des lieux interlopes. Ici, dans le spectacle, il s'agit littéralement d'une scène de bal, que l'on ne pourrait ni dater ni assigner à un style de danse précis.

« J'ai imaginé un grand bal solitaire, où tout le monde danse dans la même salle, mais chacun est seul, livré à ses pensées et à ses préoccupations. [...] Je me souviens d'avoir observé, pendant mon enfance, mon grand-père paternel qui pratiquait la valse, de manière un peu désuète mais toujours chargée de plein d'émotions. »

28 ans seulement et déjà ce fort penchant nostalgique. Ne pas louper une occasion de se remémorer l'âge d'or de l'enfance, les vacances en famille, comme ce terrain sauvage dans les gorges du Tarn, où il tient à revenir camper pour faire goûter à son amie un bout de son passé. Retourner dans la maison familiale de Champigny, où il taguait ses premiers graffitis, créait ses premières chorégraphies dans la salle du sous-sol encore décorée d'une immense affiche du film *Pina* de Wim Wenders, avec en exergue cette phrase de Pina Bausch : « Dansez, dansez sinon nous sommes perdus. » Retrouver sa chambre sous les toits, et ce Velux qui permettait de s'échapper un peu, de s'évader avec les nuages. Ne pas louper une occasion de se replonger dans les albums familiaux de photos prises à l'argentique, avec le vieil appareil Reflex Minolta paternel. D'ailleurs, une fois l'appareil photo cassé, Léo en cherchera une réplique en brocante. Goût du vintage, de l'ancien, comme si l'époque de l'authentique était plus ou moins révolue.

Les neuf danseurs, synchronisés au tempo d'une musique lente, se déplacent dans des mouvements évoquant des pas de valse, tels des pantins lascifs, un peu perdus sur ce rythme dont les enchevêtrements de motifs décalés brouillent la compréhension. « Ils dansent comme s'ils dansaient à deux, mais chacun avec lui-même. » Étrange ballet d'invités tous réunis, mais pourtant chacun seul. Mélancolie, solitude, nostalgie.

> « La mélancolie, c'est la première émotion dans laquelle je puise, c'est une émotion forte, ancrée en moi, c'est elle qui nourrit mon travail. »

Mais il ne faut pas céder aux lamentations. Et tel un pied de nez à l'atmosphère pesante qui risque de s'installer, voici que les danseurs ponctuent leurs fantomatiques valses de petits déhanchés facétieux, réalisés bien à propos sur quatre petites notes sifflées qui renforcent le clin d'œil comique. À la noirceur de l'âme répondent le clownesque et la légèreté. Ne pas se prendre trop au sérieux. Sur scène comme dans la vie, jouer de l'humour et de la dérision quand la gravité et le drame menacent de trop s'inviter.

Le bal se vide, tout comme les arrangements d'une musique qui change de tempo. Les convives du bal solitaire se dispersent, à l'exception d'un danseur égaré, tandis que les instruments de la bande-son s'effacent au profit d'un piano électrique, timide et léger, qui entame une élégiaque valse. Et voilà Nino, ce danseur, qui poursuit d'élégants pas chassés en solo, dessinant avec les bras des arabesques qui semblent offertes à lui-même. Aérien, ancré, nostalgique, tendre, il est à peine remarqué par les quelques personnages qui défilent, déplacent des chaises, s'occupent comme ils peuvent. Les sièges s'empilent et s'assemblent sur le côté de la scène, dans une sculpture impromptue qui, par les jeux de lumière et d'ombre entre ses interstices, reconstitue une cité verticale et ses gratte-ciel en miniature.

Arnaud Bacharach, alias Nino, est un danseur contemporain et électro. Léo l'a rencontré il y a déjà une dizaine d'années. « C'était à l'époque du Ball-trap, une boîte de nuit parisienne où on allait danser de minuit à 6 heures du matin sur de la musique électro-*trap*. Nino mixait et on se défonçait à la danse. Ce lieu et ces moments m'ont beaucoup inspiré pour la pièce *Première ride*, c'est d'ailleurs là que j'ai également rencontré d'autres danseurs de la première troupe de La Marche bleue. »

Nino est devenu un ami, il a même été le colocataire de Léo pendant une année. « Nous sommes très différents. Là où je suis plutôt du genre extraverti, Nino est une personne plus discrète, dans une énergie complémentaire. C'est par ailleurs un énorme danseur, et également fin musicien. [...] Ce qui est surtout marquant, c'est qu'il m'a toujours fait confiance. Arriver à être amis et à travailler ensemble, ce n'est pas évident, c'est plutôt rare. »

En effet, dans le monde artistique, ce n'est déjà pas facile de laisser son ego de côté pour accepter d'entrer dans le projet, la proposition de l'autre, surtout quand on est jeune et dans des âges semblables. Et quand en plus l'atmosphère instaurée est celle d'une troupe, d'une bande de potes, où l'amitié s'immisce dans la relation de travail, cela devient plus délicat encore. Nino fait partie de ces personnes précieuses et nécessaires dans l'entourage familial, amical et professionnel, qui, quand vous êtes un angoissé et un insatisfait perpétuel, vous aident à contrebalancer les remises en question qui s'immiscent à la moindre ondulation, critique, réticence. Vous aident à prendre et garder confiance, tout simplement.

Le personnage de Nino inspire également cette sérénité dans la pièce, notamment dans ce tableau. Il danse seul, mais semble s'offrir de la paix et de la douceur par ses mouvements de bras et de jambes qui ramènent à son cœur et son corps des cadeaux imaginaires. Il invite le spectateur à s'envoyer à lui-même de bonnes ondes, de l'énergie, de l'empathie. « Il faut déjà s'aimer soi-même pour pouvoir aimer les autres. C'est un peu le sens que je voulais donner à ces gestes, ces auto-câlins », confie Léo.

Chapitre

11. Les Contremplations

Soudain une musique synthétique, composée initialement par le groupe Mansfield.TYA et à laquelle Flavien Berger a apporté sa patte et ses paroles, se met à pulser, s'emballe, nous embarquant dans une énergie beaucoup plus moderne et électrique. La transition et le changement d'atmosphère brutaux entre les deux scènes sont tout à l'image des paradoxes et de la dualité du chorégraphe : on peut être nostalgique du passé et par ailleurs observateur goulu du monde actuel. Évoluer avec acuité dans le temps présent, l'hypersensibilité affûtée comme un rasoir filtrant.

Les personnages s'animent, s'agitent dans des jeux de courses-poursuites, à travers une scène devenue terrain de cache-cache, avec ses ouvertures, ses fenêtres et son escalier. Si Léo a eu très rapidement l'idée de la chorégraphie de ce tableau – une des seules qu'il a entièrement créées à l'avance et dictées d'un trait en répétition –, il a fallu, comme pour les autres, la caler avec les décors livrés dans les tout derniers moments. Avant les quelques ultimes dates de répétition précédant la première du spectacle, les danseurs ont dû travailler avec des repères au sol, scotchés selon les dimensions exactes des plans de la scénographie, que ce soit lors des sessions de travail dans un studio à Pantin ou lors de celles au théâtre du Châtelet à Paris. Les mouvements et jeux de scène avec l'escalier et les fenêtres du décor attendront les derniers jours pour être réglés et travaillés dans les exactes conditions du spectacle.

Cet habillage scénographique a été conçu par une jeune artiste, architecte d'intérieur, designeuse, sculptrice : Garance Vallée. Léo la connaît depuis plus de dix ans. Elle s'intéresse également à la danse, qu'elle pratique, et ils se sont rencontrés lors d'un battle auquel Léo participait vers l'âge de 17 ans. « Il y a beaucoup de points communs dans nos goûts et nos références plastiques. Je suis fasciné par exemple par Constantin Brancusi et Valentine Schlegel, tout comme elle. Ce que j'aime chez ces sculpteurs, ce sont les matières, les tons et les courbes, qui réchauffent tout en étant minimalistes, un équilibre entre rusticité et futurisme qui rend leurs œuvres intemporelles. Je sens vraiment une filiation dans le travail de Garance. »

Se voir confier la scénographie d'un spectacle chorégraphique, voilà qui tombe à point pour la jeune artiste passionnée de danse. La direction principale de la commande que Léo fait à Garance est celle-ci : « Je voulais que le design des décors, de cet intérieur de maison, de ces chaises qui constituent l'unique mobilier, ne soit pas référencé. Que chacun puisse y reconnaître son chez-soi ou en tout cas une habitation quelconque, que cela ne limite pas l'imaginaire, qu'on puisse y voir un loft futuriste comme un appartement ou l'intérieur d'une maison provinciale. » Un décor et un design sobres, des courbes intemporelles, des matières et des couleurs également, de plâtre blanc et de bois, on est loin de la maison de campagne dans laquelle Léo, pendant le confinement, avait trouvé l'idée du spectacle, et qu'il avait imaginée en premier lieu comme décor de cette pièce.

Seul inconvénient, ce décor est immense, constitué d'éléments de huit mètres de haut sur un mètre de large... Il ne pourra pas entrer dans toutes les salles de province. Et ce sera tout juste pour passer les coursives de la salle Pleyel à Paris.

Avec cette même volonté d'universel des décors, c'est Maryam Nassir Zadeh que Léo contacte pour la création des costumes. Il avait rencontré cette styliste lors d'un défilé du créateur Simon Jacquemus, puis l'avait revue à Aix-en-Provence, où la troupe La Marche bleue était en résidence. « Les vêtements créés par Maryam sont à la fois d'une grande pureté et d'une grande simplicité. Les matières, coupes et couleurs ont également ce côté intemporel. Cela matchait bien avec cette envie qu'on ne puisse pas étiqueter les personnages de la pièce, les assigner à une catégorie sociale, une origine, un style. [...] Elle m'a ouvert son vestiaire, et elle a confectionné sur mesure les costumes des danseurs, à partir des habits qui me plaisaient parmi ceux qu'elle avait déjà créés, et des goûts et des exigences que je connaissais des danseurs de la troupe. Telle danseuse préfère des vêtements amples, d'autres aiment évoluer dans des fringues plus cintrées. »

Les danseurs sont en chaussettes. Léo trouve cela bien plus confortable que les rigides Dr. Martens qu'il devait porter dans les tournées de Christine and the Queens, véritables instruments de torture quand il s'agissait d'assurer des spectacles tous les soirs. Et puis, dans une pièce nommée *Maison d'en face*, être en chaussettes, « c'est comme à la maison ».

Entre autres passions, Léo a toujours été fasciné par le monde de la mode. À 18 ans, il crée sa propre marque de vêtements, Walk in Paris, avec Gary Neveu, ami qu'il rencontre dans ses moments d'errance en skateboard sur les bords de Marne à Champigny. Aujourd'hui, il continue de s'intéresser tout autant à cet art, fréquentant des créateurs de mode, participant à des défilés ou à des shootings pour Lacoste, Louis Vuitton, Gucci... Écumer sans cesse les expositions de peinture et de photographie, collectionner les objets de design, s'exercer au crayon et au feutre fin, à dessiner des lignes, des corps dansants :

« C'est un tout, la forme, les lignes, les couleurs, les matières, tous ces arts visuels et plastiques se complètent et nourrissent mon œil pour créer. Les courbes des corps dans mes croquis, je les retrouve parfois dans les arabesques que dessinent les danseurs. »

Et, à propos de monde de la mode, le tableau « Les Contremplations » en porte justement de nombreux attributs revendiqués : « C'était intéressant pour moi d'exploiter dans cette scène une ambiance fashion, urbaine, sophistiquée. Il y a quelque chose de très postural dans les chorégraphies de ce passage, où les personnages sont tous en représentation. »

Mais dans ces « contremplations », la dérision n'est jamais loin. Les postures dignes ont par moments un aspect caricatural. Des relâchements et mouvements de bassin exagérés voire grotesques surgissent. Évocation du stress du monde contemporain, où l'on doit sans cesse gérer son apparence, où parfois on aimerait se laisser aller à des gestes improbables et envoyer balader les convenances. « Cela me rappelle certaines situations, comme ce dîner mondain un peu guindé, où je n'avais qu'une envie, aller dans le jardin ou les sanitaires pour faire des grimaces. »

Et si Léo aime exploiter des musiques qu'on peut entendre dans des soirées technos, c'est aussi pour brouiller les pistes par rapport aux danses attendues sur cette musique électronique. « Je voulais apporter un *flow* décalé, de l'humour et de la sensualité, notamment dans le travail des hanches. Ce genre de mouvement de bassin qu'on a pas mal travaillé, pour s'en approprier le parfait ressenti, est parfois un peu déconcertant pour une partie des danseurs qui viennent de cultures et d'écoles de danse très diverses. »

« Il arrive que certaines idées me viennent dans des contextes improbables. Un des mouvements de ce tableau m'est tombé dessus je ne sais comment lors d'une randonnée familiale l'été dernier dans les Pyrénées. Grisé peut-être par l'altitude, l'effort, la vue sur les paysages de la vallée d'Ossau, je me suis mis, en haut d'un col, à gesticuler et j'ai trouvé *le* geste jouissif. Une autre fois, tellement content d'une idée de chorégraphie de couple et voulant la montrer à Xaysanah, je me place côte à côte avec lui et, emporté dans mon délire, me retrouve à deux doigts de l'embrasser. Je ris encore intérieurement, en me remémorant comment est née cette scène, quand les danseurs exécutent, pleins de sérieux, cet enchaînement devant une salle pleine à craquer. »

« Les Contremplations », par leur intensité, sont un moment phare de la pièce. D'ailleurs, une vidéo de ce tableau, tournée à la villa Galaxie, réinvestie pour la circonstance, a donné lieu à un très beau clip en guise de bande-annonce. C'est encore un extrait de cette chorégraphie que la troupe dévoile sur le plateau de l'émission *Quotidien* de TMC.

Pourtant, le tableau que Léo affectionne sans doute le plus, celui où il a mis le plus de ses tripes et de son âme, est le suivant, « GRV ».

Chapitre

12. GRV

« Ce tableau est peut-être celui qui représente davantage mon intimité, en évoquant notamment mes nuits sans sommeil. »

Comme pas mal de grands angoissés, Léo est un insomniaque, capable de passer plusieurs nuits entières d'affilée sans trouver le repos. Ce fut notamment le cas pendant la période de préparation du spectacle *Maison d'en face*, entre les pressions, difficultés et doutes liés à sa mise en place. « J'ai dû dealer avec mes insomnies pour aller au bout de cette création. »

« Dans ce tableau, je rêve que j'arrive à dormir. »

Rêver que l'on dort, jolie expression d'insomniaque, que l'on retrouve en images dans cette scène qui s'offre à nous : les danseurs semblent tous endormis, allongés sur le dos, à l'exception d'un seul qui veille, la tête baissée tenue dans ses mains, assis sur une chaise en haut de l'escalier. C'est Léo. Contraste paradoxal entre l'immobilité de l'éveillé et les doux mouvements des dormeurs, qui entament un ballet dans leur sommeil synchronisé, danseurs étendus ondulant de concert, mer quasi étale et crépusculaire.

Est-ce Léo Walk qui rêve ces danseurs ou, à l'inverse, son personnage est-il le fruit de leurs songes ? Ou peut-être sont-ce les deux, telle une mise en abîme sans fin ni début. Les situations se répondent, semblent osciller, s'emboîter. La mise en scène permet toutes les lectures et les interprétations possibles. « Souvent, lors de ce passage proche du final où la tension retombe un peu, je vis pleinement le moment, les larmes au bord des yeux, songeant réellement à tout un tas de choses qui se bousculent dans ma tête. » Rêve de pouvoir dormir, de l'âge d'or familial et paisible, de relations affectives ou amoureuses. « J'ai rêvé que tu m'aimais » : ces paroles répétées en boucle nous bercent, tandis que tournoient des motifs lumineux projetés au sol, évoquant un manège musical, du type de ceux qu'on accroche au-dessus des berceaux pour accompagner l'endormissement des nourrissons.

Le songeur assis se relève, devient dormeur debout. C'est un solo bref mais hypnotique, en haut des escaliers, de dos et à contre-jour de la lumière de fond de plateau. Une lumière bleue, bien évidemment. Peu ou pas de figures imposées, juste donner libre cours à son état intérieur, abandonner un peu sa pudeur et dévoiler des aspects de soi, à fleur de peau.

« Ce solo reflète mon état actuel. Je me sens encore n'être qu'un jeune saltimbanque, mais qui se met la barre un peu haut pour ne pas décevoir et pour satisfaire mon entourage et le public. Cela s'accompagne de pas mal de pression et de responsabilité, et parfois j'ai juste envie de me recroqueviller, de danser en fermant les yeux comme pour me protéger. »

« C'est une danse de funambule, ou de quelqu'un qui se débattrait avec son vertige dans un risque permanent de chute. Cela se passe sur l'estrade de fond de scène qui ne mesure qu'un mètre de profondeur, et cela aide le propos, ça contraint l'amplitude des gestes. Pour le coup, il faut vraiment faire attention de ne pas tomber. »

Le somnambule se rassied ; tour à tour des danseurs se réveillent, une jeune femme solitaire semble en larmes, des couples ou des trios s'entremêlent, se chamaillent, se raccommodent. « En répétition, j'ai fait travailler cette séquence sur un morceau d'Ana Roxanne, une musicienne électro un peu expérimentale. Ce n'est pas le morceau de la pièce, mais parfois c'est fructifiant de danser sur une autre musique, cela vient apporter des notes supplémentaires, ajouter des couleurs différentes. C'est un procédé que j'utilise souvent. » Toujours cette importance de la musique pour ensemencer l'inspiration et les émotions.

Alors que les nuits des uns et des autres sont plus ou moins calmes, qu'un couple éveillé se câline au centre de la pièce, un homme se lève et livre un solo de breakdance, se débattant peut-être lui aussi avec son sommeil. Abu Niang est un b-boy. Léo et lui se connaissent depuis bien longtemps, de cette époque où, très jeunes ados, ils croisaient régulièrement le fer dans les battles pour leurs équipes respectives, South Style Crew de La Seyne-sur-Mer pour Abu et All School de Champigny-sur-Marne pour Léo. Leurs coachs étaient amis, et un véritable jumelage s'était tissé entre les deux *crews*.

Chapitre

13.

Âme

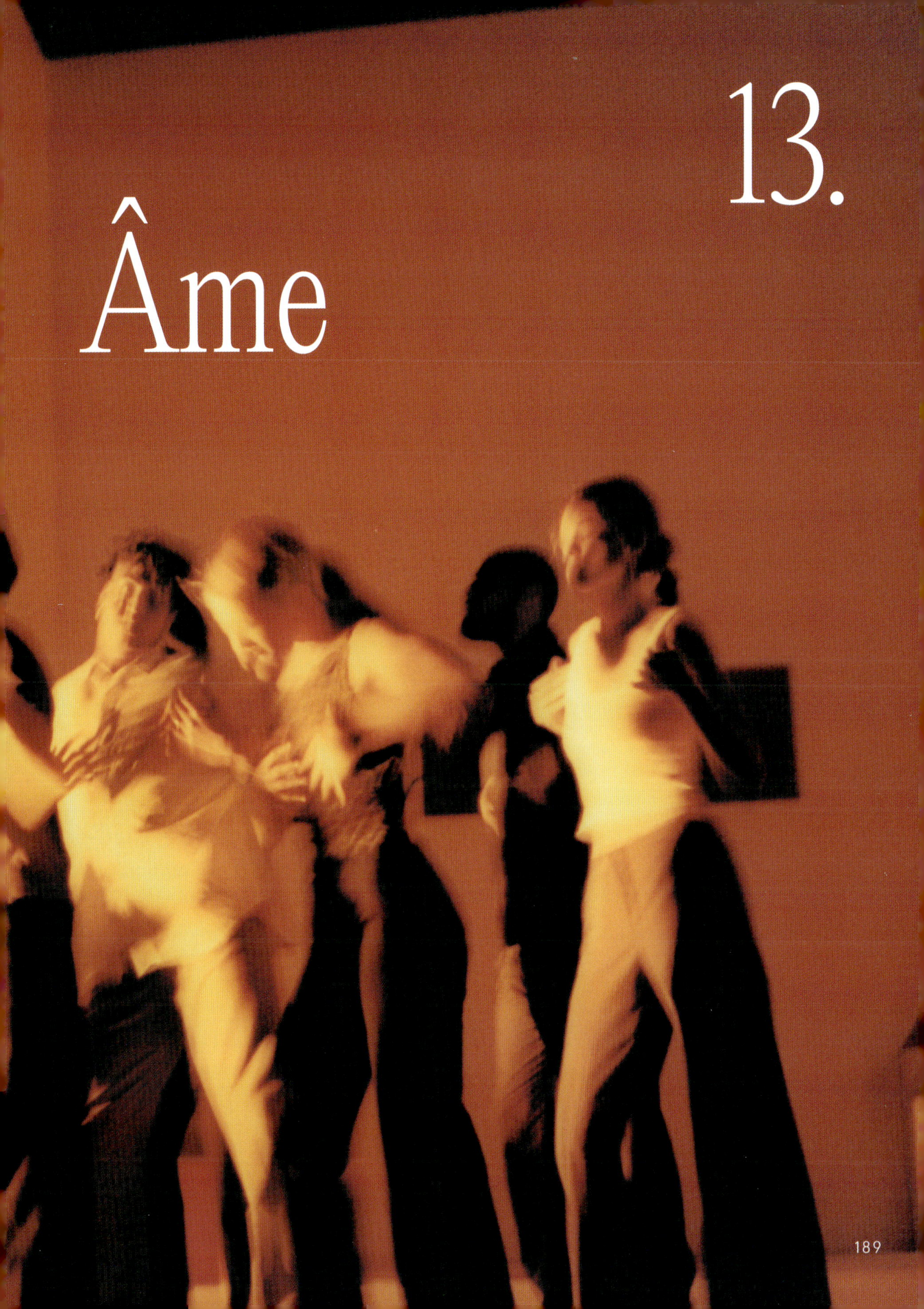

Soudain un son techno rompt la berceuse précédente. Le morceau s'appelle *REJ* et a été créé par un duo allemand au nom français, Âme. « Âme » sera le titre tout à propos de ce tableau final.

Les danseurs se réveillent, se lèvent et s'animent lentement, comme pris petit à petit par la transe que la house inspire. Une fête en pleine nuit. Cette scène finale s'offre tel un hommage à la danse, la danse de tout un chacun. « Je regarde les gens dans les soirées technos et je les trouve beaux. Il peut être 6 heures du matin, même fatigués, possiblement fragiles et abîmés par la vie, ces gens sont hyper élégants quand ils dansent, parce qu'ils s'expriment sans complexe. C'est finalement le moment où tu peux avoir accès à leur intimité, à leur essence. Et voir que chacun est différent. [...] »

« Dans un monde où il y a tant de sujets sensibles, de non-dits, de tabous, la danse offre un immense espace de liberté. C'est la seule matière où l'on peut vraiment faire cela : exprimer tout ce qui nous passe par la tête, des choses drôles et tendres comme des choses tourmentées. »

Les neuf danseurs, dans cette fête collective qui s'installe, exécutent tous ensemble les mêmes mouvements, avec à première vue la précision de métronomes au garde-à-vous. Pourtant, à y regarder de plus près, chacun apporte aux différents mouvements synchronisés sa signature, son *flow*, sa musicalité propre. C'est sans doute une des forces de ce qu'a su faire naître le créateur de la compagnie La Marche bleue : un collectif de danseuses et de danseurs dont la singularité de chacune et chacun peut s'exprimer.

Ce moment de danse est d'ailleurs une ode à la liberté. Le groupe s'attroupe côté jardin du décor, face à une ouverture qui semble être une fenêtre. La lumière qui en vient inonde l'intérieur de la demeure, semblant inviter ses habitants à en sortir. Comme pour annoncer une possibilité d'échappatoire au confinement, à l'enfermement des existences, aux conditionnements. Les neuf personnages luttent pour s'approcher, le regard porté en l'air vers ce faisceau lumineux qui les appelle – lune ou soleil de nuit –, mais duquel ils semblent être constamment repoussés. Le moment ne paraît pas encore venu de pouvoir se déployer pleinement au grand jour.

Mais la fête continue et les connexions entre les convives se font plus fluides et joyeuses. Les artistes nous livrent tour à tour quelques-uns de leurs pas personnels. Classiques, contemporains, électro, hip-hop, les solos s'enchaînent et s'enchevêtrent… Comme sur les *dance-floors*, parfois un participant zélé amorce un mouvement et les autres lui emboîtent le pas en l'imitant, parfois ces derniers se contentent de le regarder ou de l'encourager. Une danseuse se distingue, s'élançant sur la pointe de ses… chaussettes, tourbillonnant avec grâce. C'est Emma Spinosi, une jeune formée au ballet Preljocaj, à la Rambert Dance Company de Londres, et qui déjà, à l'âge de 25 ans, a accumulé plus de quatre ans de scène sous les ballerines. « Elle possède à la fois une gestuelle gracieuse et animale. Emma, c'est un chat. »

Et puis la musique ralentit, se fatigue, tout comme les fêtards qui s'essoufflent. Un nouveau matin semble venir. Une jeune femme se maquille, et les mêmes personnages présents au commencement de la pièce reprennent leur place du début.

La pièce se termine comme elle avait commencé, la boucle est bouclée. La scène s'éteint, ainsi que la musique, à laquelle succèdent les applaudissements nourris d'une salle comble et comblée, comme chaque soir de cette représentation de Paris à Marseille. Entre deux saluts, chaleureuses étreintes des artistes dans les coulisses. « Évidemment, ces instants intenses et pleins d'émotion sont ceux où l'on se sent le plus soudés, où les énergies ont circulé et les tensions se sont dissipées, alors qu'on a parfois traversé ensemble des passages de doute. »

Il y a aussi toute la gratitude du public : « Je veux donner à voir de la danse qui rassemble, pas élitiste, et cela m'émeut d'être accosté dans la rue par des gens qui me disent qu'ils ont aimé le spectacle alors qu'ils ne viennent jamais voir de la danse, comme ce petit monsieur parisien de 70 ans ou cette maman de la cité du Bois-l'Abbé, à Champigny-sur-Marne. Je n'aurais pas imaginé que la danse puisse toucher autant de gens différents. »

La pièce se termine comme elle avait commencé. La vie continue son cours sans que rien ne semble avoir évolué. Mais nous ne sommes plus tout à fait dans le même état qu'au départ. Sans paroles, ni récit, ni démonstrations, la danse nous a offert de nous plonger dans nos émotions. Elle nous a fait tisser des liens, ténus et invisibles, avec les artistes et entre spectateurs qui avons vécu un même voyage, avons parcouru les mêmes itinérances que les habitants de cette maison.

« Vive les choses que l'on ne peut pas exprimer avec les mots », confie Léo Walk, comme pour conclure, ou peut-être pour indiquer un fil conducteur qui l'amènera vers de prochains projets.

La danse, par le langage du corps, nous donne à voir et à partager des nuances de sentiments, des pixels de l'âme, pour lesquels les mots souffrent d'imprécision et la raison manque d'acuité. Elle nous donne à entrevoir ce qui ne saute pas aux yeux, à sonder un peu d'insondable, à explorer des territoires intérieurs qu'on foule souvent sans vraiment les discerner.

Et il y en a tant de ces choses que l'on ne peut pas exprimer avec les mots, de ces choses à mettre en danse, à écrire avec les corps... Graphie du corps, chorégraphie. Déjà de nouvelles pistes germent dans la tête de Léo Walk. En attendant, il reste encore bien des fêtes à donner dans cette « Maison d'en face ».

Photographies : © Sam Hellmann
Excepté p. 17, Philippe Handtschoewercker

Design : Casilde Yvon

Merci à ceux qui ont œuvré pour ce livre :

Philippe Handtschoewercker, Isabelle Lerein,
Antoine Lefur, Xaysanah Phongthisouk.

Merci à ceux qui ont œuvré pour *Maison d'en face* :

Les danseurs : Arnaud Bacharach, Mamadou Bathily,
Miranda Chan, Hortense de Gromard, Abu Niang,
Sulian Rios, Janina Sarantšina et Emma Spinosi.

Garance Vallée pour les décors,
Maryam Nassir Zadeh pour les tenues.

Les musiciens : Flavien Berger, Clara Cappagli, Sacha Rudy.

Et à ceux qui ont accompagné le projet :
Théophile Bensusan, Laure Kaya, Aurélia Loncan, Zoé Rytz
et The Talent Boutique.

Un très grand merci enfin à :

Battle J-crew, Didier Boko, Adelaide Crestani, Aloue Kyra,
Marion Motin, Prune Pauchet, Pierre-Louis, Jimmy et Samuel Yudat,
ma mère, mon père, Nils et Mamie Berta.